W0367780

Coole Schneemänner

Jipi, endlich Winter! Während sich Groß und Klein dick in Strickpulli, Schal und Jacke einmummeln, kann es den coolen Schneemännern gar nicht kalt genug sein. Das ist ihre Zeit! Bislang kannte man Schneemänner als dicke Gesellen mit Möhrennase und Zylinder, die steif im Garten herumstehen und die Sonne fürchten. Das war einmal! Jetzt haben sie Handel, Entertainment, soziales Engagement und das süße Leben entdeckt.

Sie verkaufen Schneebälle zu Niedrigpreisen, unterhalten mit ihrer Rockband „Die wilden Weißen", sorgen sich um das Wohl kleiner gefiederter Freunde, trainieren für eine schlanke Linie beim Skifahren und erkunden bayrische Lebensart.

Von diesen coolen Freunden kann man gar nicht genug haben!

Ihre

Angelika Kipp

IHRE GRUNDAUSSTATTUNG

Folgende Materialien und Werkzeuge benötigen Sie für fast alle Modelle. Sie werden in den einzelnen Materiallisten nicht gesondert aufgeführt.

FÜR HOLZARBEITEN

- Transparentpapier
- dünne Pappe
- Laub- oder Dekupiersäge
- Schleifpapier mittlerer Körnung
- Holzleim
- Borstenpinsel in Größe 1 bis 2 (fein), 4 bis 8 (mittel) und 10 bis 12 (dick)
- Kreisschablone (für Augen)
- Holzmalstift in Schwarz
- Bohrmaschine
- evtl. wetterfester Klarlack

FÜR PAPIERARBEITEN

- Transparentpapier
- Klebefilm
- harter (4H) und weicher (HB) Bleistift
- Schere
- Klebstoff
- Cutter mit geeigneter Unterlage
- Buntstift in Rot
- Filzstift in Schwarz
- Nähnadel und Nähgarn

So wird's gemacht

... mit Holz

VORLAGE ÜBERTRAGEN

Die Außenkonturen des Motivs auf Transparentpapier übertragen, dieses auf eine dünne Pappe kleben und die Vorlage ausschneiden. Diese Schablone auf das Holzstück legen und die Kanten mit einem Bleistift umfahren. Die Innenlinien werden erst nach dem Aussägen übertragen.

MOTIV AUSSÄGEN

Das Motiv aussägen und die Kanten mit feinem Schmirgelpapier glätten. Das Werkstück weiß grundieren und nach dem Trocknen mit sehr feinem Schmirgelpapier abschleifen. So wird der Untergrund glatt und die Bemalung später schön gleichmäßig.

MOTIV BEMALEN

Die Innenlinien des Motivs mithilfe von Transparentpapier auf das Werkstück übertragen. Dafür die Innenlinien abpausen, auf der Rückseite mit einem weichen Bleistift nachziehen, das Papier wieder wenden und auf das Werkstück legen. Alle Linien mit einem harten Bleistift nochmals nachziehen, so wird der Bleistiftstrich auf das Holz übertragen.

Zum Bemalen des Motivs wird Acrylfarbe verwendet. Wenn die Holzarbeiten im Freien stehen, müssen sie nach dem Bemalen mit einem wetterfesten Klarlack überzogen werden.

Nebeneinander liegende Farbflächen immer Fläche für Fläche bemalen, da die Farben sonst ineinander laufen. Ebenso bei Farbtupfern oder Mustern verfahren.

Tipp: Das Aufmalen von Augen, Motivlinien oder feinen Mustern gelingt mit Holzmalstiften ganz leicht. Diese erhalten Sie im Bastelfachhandel in verschiedenen Farben und Stärken.

STANDFLÄCHE ANBRINGEN

Motiv und Bodenplatte werden mithilfe von Senkkopfschrauben verbunden. Dafür dort, wo das Werkstück positioniert werden soll, zwei Löcher in die Bodenplatte bohren (bei größeren Motiven drei Löcher). Die Position der Löcher an der unteren Schnittkante des Motivs markieren (z. B. durch das Einschlagen eines Nagels) und die Löcher mit einem dünnen Bohrer vorbohren. Nun die Figur an der Bodenplatte festschrauben, dafür die Schraube von unten her eindrehen.

1

Tipp: Kleinere Motive können alternativ geleimt werden, dafür muss die untere Schnittkante aber ganz gerade gesägt sein. Am einfachsten die im Baumarkt zugeschnittene Kante als Standfläche verwenden.

... mit Papier

1 Die benötigten Einzelteile ohne Überschneidungen auf Transparentpapier übertragen.

2

2 Das Transparentpapier auf eine dünne Pappe kleben und die Einzelteile ausschneiden – fertig sind die Schablonen.

3 Die Schablone auf den Fotokarton in der gewünschten Farbe legen, mit einem Bleistift umfahren und die Einzelteile ausschneiden. Die Gesichter und alle benötigten Linien (gepunktet auf dem Vorlagenbogen) mit Filzstift aufzeichnen, die Wangen mit Buntstift röten. Die Einzelteile laut Abbildung und Vorlagenbogen positionieren und zusammenfügen.

Tipp: An einigen Motiven werden gelockte Drahtverzierungen angebracht. Dafür den Draht um einen Bleistift oder einen dünnen Stab wickeln, vorsichtig wieder abziehen und die Spiralen etwas auseinanderziehen.

3

Starker Typ

→ echt stark!

MOTIVHÖHE
ca. 39 cm

MATERIAL
- Fotokarton in Weiß und Grau, A4
- Fotokartonreste in Lila, Meergrün, Orange, Pink und Gelb
- Silberdraht, ø 0,4 mm, 30 cm lang
- Paketschnur, 15 cm lang
- Holzstab, ø 5 mm, 36 cm lang
- 2 Styroporkugeln, ø 10 cm
- Styroporkleber
- Füllwatte

VORLAGEN-BOGEN 1A

1 Die Einzelteile ausschneiden. Das Gesicht, die Flickennähte und die Innenlinien (gepunktet auf dem Vorlagenbogen) aufzeichnen und die Wangen röten.

2 Das T-Shirt und die Hose auf den Körper kleben und das dreiteilige Stirnband und die Nase auf dem Kopf ergänzen. Den Kopf auf den Körper kleben und auf der Hose den Flicken und die geknotete Paketschnur fixieren.

3 Den Holzstab zwischen die Handteile kleben. Die Styroporkugeln mit Styroporkleber einstreichen, mit Füllwatte umwickeln und an den Stabenden festkleben.

4 Zwei Löcher im Herz einstechen, den Draht durchziehen und die Enden locken. Das Herz mit Alleskleber an der Styroporkugel fixieren. Den Sportler auf den Untergrund kleben und etwas Füllwatte als Schnee aufkleben.

Cooler Sheriff

→ fängt die Sterne für Sie ein

MOTIVHÖHE
ca. 40 cm

MATERIAL

- Fotokarton in Hellbraun und Hellblau, A4
- Fotokartonreste in Weiß, Mittelbraun, Meergrün, Orange, Gelb und Rot
- Paketschnur, ca. 60 cm lang
- Filzstift in Rot

VORLAGENBOGEN 1 A

1 Die Einzelteile ausschneiden und die Gesichter und Innenlinien (gepunktet auf dem Vorlagenbogen) aufzeichnen. Die Wangen mit Buntstift röten.

2 Dem Cowboy den dreiteiligen Hut, das zweiteilige Halstuch und die Nase aufkleben. Die Flickennähte mit schwarzem Filzstift aufzeichnen und die Zunge mit rotem Filzstift ausmalen.

3 Das Geweih von hinten am Kopf des Schaukelrentieres anbringen und den Kopf auf den Körper kleben. Die Kufen von vorne aufkleben. Dem Schaukeltier den Sattel auflegen und den Schneemann darauf setzen. Die Figuren mit Sternen dekorieren.

4 Dem Schneemann das Lasso in die Hand geben, dazu zweimal um die Hand wickeln und verknoten, ggf. zusätzlich mit Klebstoff fixieren. Die Sterne auf dem Himmelsbogen aufkleben und das Schnurende um einen großen Stern knoten.

Ski heil!

→ Willkommen im Schnee!

MOTIVHÖHE
ca. 39 cm

MATERIAL

- Fotokarton in Hellblau und Grau, A2
- Fotokarton in Weiß, A3
- Fotokartonreste in Orange, Schwarz, Gelb, Violett, Pink und Meergrün
- 2 Schaschlikstäbchen, 20 cm lang
- Füllwatte

VORLAGENBOGEN
1 A + 1 B

1 Die Einzelteile ausschneiden und die Innenlinien (gepunktet auf dem Vorlagenbogen) aufzeichnen. Die Wangen röten.

2 Die Weste samt gelbem Flicken und die Krawatte mit Herz aufkleben. Die Sonnenbrille, die Nase und die Mütze auf den Kopf kleben. Am Mützenzipfel einen Pompon aus Füllwatte anbringen. Die Skier von unten und die Laschen von oben an die Füße kleben.

3 Zwischen den Handteilen die Skistöcke mit aufgestecktem Fotokartonkreis kleben.

4 Für das runde Schild einen kleineren grauen Kreis (gestrichelte Linie auf dem Vorlagenbogen) und einen größeren blauen Ring (durchgezogenen Linie) ausschneiden. Den blauen Ring auf den grauen Kreis kleben und darauf den Sportler fixieren. Den Schriftzug und die Schneeflocken aus Füllwatte ergänzen.

WELCOME

Geschäftsmann

→ verkauft tüchtig Schneebälle

1 Die Schneemannform (Körper inklusive Hut 1,3 m hoch) und die Arme aus sägerauem Fichtenholz aussägen. Die Nase und die Schneekappe des Hutes werden aus dünnem Fichtenholz und der Vogel und das Schild aus Sperrholz gearbeitet. Beim Schild Löcher einbohren.

2 Die ausgesägten Teile und die Stellfläche grob abschmirgeln und weiß grundieren. Nochmals abschmirgeln und laut Abbildung bemalen. Die Gesichter mit Holzmalstift und die Wangen des Schneemanns mit Acrylfarbe in Orange bemalen.

3 Das Schild mit einem Holzmalstift beschriften und den Strukturschnee auftragen. Den Draht anbringen und das Schild mithilfe von Heftzwecken auf der Rückseite des rechten Armes befestigen.

4 Die Arme, die Schneekappe des Hutes, den zweiteiligen Vogel und die Nase auf den Schneemannkörper kleben und diesen mit Schrauben auf der Standplatte befestigen (siehe Seite 3, drei Löcher bohren).

5 Die mit Draht verzierten Knöpfe und das Herz aufkleben.

6 Die Styroporkugeln mit dem Strukturschnee bestreichen und zum Trocknen auf ein Schaschlikstäbchen stecken. Nach dem Trocknen an die Schneeschaufel kleben, auf diese auch etwas Strukturschnee auftragen. Für den Außenbereich das Motiv vollständig mit wetterfestem Lack besprühen.

Tipp: Vor dem Auftragen von Strukturschnee die betreffende Fläche am besten weiß grundieren, dann kann die Strukturpaste sparsamer aufgestrichen werden.

MOTIVHÖHE
ca. 1,3 m

MATERIAL

- sägeraues Fichtenholzbrett, 2,8 cm stark, 23,5 cm breit, 2 m (Schneemannkörper und -arme) und 40 cm lang (Standfläche)
- Sperrholz, 4 mm stark, 31 cm x 35 cm (Schild)
- Fichtenleimholzrest, 1 cm stark (Nase und Hutschneefläche)
- Acrylfarbe in Schwarz, Weiß, Orange, Rot, Gelb und Lavendel
- Strukturschnee
- je 1 Styroporkugel, ø 6 cm und ø 8 cm
- 3 Knöpfe in Schwarz, ø 3 cm
- geglühter Bindedraht, ø 1 mm, 3 x 40 cm (Knöpfe) und 1 x 1,6 m lang (Schild)
- Aludraht in Silber, ø 2 mm, 30 cm lang (Herz)
- 3 Senkkopfschrauben, ø 3,5 mm, 5 cm lang
- Bohrer, ø 2 mm (zum Vorbohren) und ø 3,5 mm
- 2 Heftzwecken
- Wollschal in Schwarz, 2 m lang
- Kinder-Holzschneeschaufel, ca. 90 cm lang

VORLAGENBOGEN 2A

Schneebälle
Stück 40 Cent

Freiheit für Schneemänner!

→ nicht nur in New York

MOTIVHÖHE
ca. 38 cm

MATERIAL
- Fotokarton in Meergrün, A3
- Fotokartonreste in Mittel- und Hellgrau, Weiß, Orange und Dunkelrot

VORLAGENBOGEN
2 A + 3 A

1 Die Einzelteile ausschneiden und die Gewandteile, die aufgesetzt werden, mit einem schwarzen Filzstift umranden. Das Gesicht und alle gepunktet gezeichneten Linien (siehe Vorlagenbogen) aufzeichnen. Die Wangen röten. Die Möhrennase und die Krone aufkleben.

2 Die Gewandteile laut Abbildung überlappend fixieren. Den Arm ankleben und zwischen die Handflächen den Stab mit dem Schneeball kleben. In die linke Hand das zweiteilige Buch kleben.

3 Den Kopf auf den Körper kleben und den Schneemann auf dem zusammengefügten Schornstein mit aufgesetzter Schneefläche fixieren.

Wintersportler-Pärchen

→ witzige Kantenhocker

MOTIVHÖHE

Schneefrau ca. 17 cm

Schneemann ca. 23 cm

MATERIAL

- Fichtenleimholz, 1,8 cm stark, 30 cm x 70 cm
- Sperrholzrest, 4 mm stark
- Acrylfarbe in Türkis, Weiß, Rot, Schwarz, Violett, Lavendel und Orange
- Strukturschnee
- geglühter Bindedraht, ø 0,35 mm, 42 cm lang
- Heftzwecke
- Grasfaser in Orange
- dünner Wickeldraht
- Wattestäbchen

VORLAGENBOGEN 3B

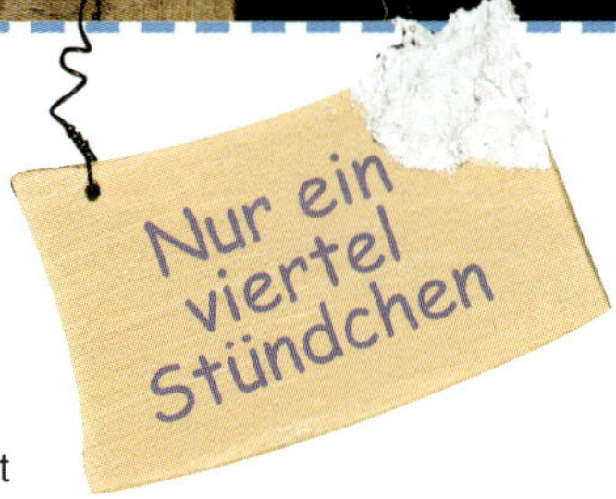

1 Die ausgesägten Formen glatt schmirgeln und weiß grundieren. Beim Schild vorher zwei Löcher einbohren. Die Holzteile mit Schleifpapier nochmals glätten und die Figuren laut Abbildung bemalen. Mit einem Holzmalstift die schwarzen Linien zeichnen. Die Lippen der Schneefrau mithilfe eines Schaschlikspießes auftupfen, die Wangen mit einem Wattestäbchen malen.

2 Beim Schneemann Bein, Arm, Knöpfe, Nase, Schalknoten und Mütze aufkleben. Das Schild mit Strukturschnee gestalten. Nach dem Trocknen den gelockten Draht anbringen und das Schild mithilfe einer Heftzwecke hinten am Schneemannarm fixieren.

3 Bei der Schneefrau Beine, Bommel und Nase ankleben. Hinten am Kopf die Haare fixieren. Dafür zwei ca. 5 cm lange Grasfaserbüschel an einer Seite mit Draht zusammenfassen und aufkleben.

Schnee-Engel

→ einfach himmlisch

MOTIVHÖHE

- ca. 21 cm

MATERIAL

- Fichtenleimholz, 1,8 cm stark, 24 cm x 38 cm
- Sperrholzrest, 4 mm stark
- Acrylfarbe in Weiß, Gelb, Orange, Rot, Türkis, Violett und Lavendel

VORLAGENBOGEN 3B

1 Den Grundkörper der Figur aus Leimholz, die Einzelteile aus Sperrholz aussägen.

2 Die Ränder abschmirgeln und alle Teile weiß grundieren. Nochmals alles mit Schleifpapier glätten.

3 Die Figuren laut Abbildung bemalen, die Innenlinien mit einem Holzmalstift zeichnen. Die Lippen mithilfe eines Schaschlikstäbchens auftupfen.

4 Die Einzelteile auf den Grundkörper kleben.

Fleißiger Bäcker

→ in der Weihnachtsproduktion

MOTIVHÖHE
ca. 30 cm (ohne Plätzchen)

MATERIAL
- Fotokarton in Weiß, A3
- Fotokarton in Mittelbraun und Lila, A4
- Fotokartonreste in Violett, Orange, Rot, Beige und Grau
- Küchentuch, 5 cm x 5 cm
- Silberdraht, ø 0,4 mm, 30 cm lang

VORLAGENBOGEN
4 B

1 Die Einzelteile ausschneiden. Das Gesicht, den Flicken und die Haare aufmalen. Die Wange mit Buntstift röten.

2 Die beiden Mützenteile und die Nase aufkleben. Die Schürze mit dem Küchentuch aufsetzen und das Herz aufkleben. In dieses vorher zwei Löcher einstechen, den Draht durchziehen, verdrehen und die Drahtenden locken. Den zweiteiligen Schal laut Abbildung aufkleben.

3 Den Kochlöffel zwischen die Handteile kleben. Die Lebkuchen mit dem Mandeldekor bekleben und mit Nähgarn am Schneemann befestigen.

Coole Freunde

→ fröhlicher Willkommensstecker

MOTIVHÖHE
ca. 25 cm (ohne Stab)

MATERIAL
- Fichtenleimholz, 1,8 cm stark, 75 cm x 40 cm
- Sperrholzrest, 4 mm stark
- Acrylfarbe in Weiß, Schwarz, Orange, Rot, Violett, Gelb, Braun und Lavendel
- Strukturschnee
- Wattestäbchen
- Schaschlikstäbchen

VORLAGENBOGEN 4A

1 Die Grundform aus Leimholz, die aufgesetzten Motivteile und die Schneeflocken aus Sperrholz aussägen. Alle Einzelteile glatt schmirgeln, weiß grundieren und mit Schleifpapier nochmals glätten.

2 Die Holzteile laut Abbildung bemalen und nach dem Trocknen der Farbe die Gesichter aufmalen. Die orangefarbenen Wangen mithilfe eines Wattestäbchens aufmalen.

3 Das Schild mithilfe eines Schaschlikstäbchens oder eines Holzmalstiftes beschriften. Die Motivteile und die mit Strukturschnee verzierten Schneeflocken aufkleben. Neben Bär und Pinguin das Schild mit etwas Strukturschnee gestalten. Das Willkommensschild mit wetterfestem Klarlack besprühen.

Coole Freunde

Schnee-Fee

→ erfüllt Wünsche

MOTIVHÖHE
ca. 28,5 cm

MATERIAL
- Fichtenleimholz, 1,8 cm stark, 30 cm x 27 cm (Fee), ø 22 cm (Standfläche)
- Sperrholzrest, 4 mm stark
- Acrylfarbe in Violett, Weiß, Gelb, Orange und Türkis
- Grasfaser in Orange
- dünner Draht
- evtl. 2 Senkkopfschrauben, ø 3 mm, 3,5 cm lang
- evtl. Bohrer, ø 2 mm

VORLAGENBOGEN
4A

1 Die Grundform der Fee aus Leimholz, die aufgesetzten Teile aus Sperrholz aussägen. Alle Kanten abschmirgeln und die Holzteile weiß grundieren. Nach dem Trocknen mit Schleifpapier nochmals glätten und laut Abbildung anmalen.

2 Das Gesicht und die Innenlinien nach dem Trocknen mit einem Holzmalstift zeichnen, die Wangen mithilfe eines Wattestäbchens orange färben.

3 Die Sperrholzteile aufkleben. Als Haare ein ca. 20 cm langes Grasfaserbüschel mittig mit Draht abbinden und am Kopf hinter der Krone festkleben. Die Schnee-Fee auf die Grundfläche kleben oder mit zwei Schrauben fixieren (siehe Seite 3).

Vogelfutter-Schneemann

→ Vögelchens bester Freund

MOTIVHÖHE
ca. 38 cm

MATERIAL

- Fichtenleimholz, 1,8 cm stark, 40 cm x 25 cm (Schneemann-Grundform) und 16 cm x 31 cm (Standfläche)
- Sperrholz, 4 mm stark, 31 cm x 35 cm
- Acrylfarbe in Gelb, Braun, Türkis, Lavendel, Violett, Orange, Rot, Weiß, Schwarz, Grün und Beige
- geglühter Bindedraht, ø 0,65 mm, 40 cm und 80 cm lang
- 3 Senkkopfschrauben, ø 3,5 mm, 5 cm lang
- Bohrer, ø 2 mm (zum Vorbohren) und ø 3,5 mm (Löcher in Standfläche)
- Bohrer, ø 1,5 mm

VORLAGEN-BOGEN 3A

1 Die Grundform des Schneemanns aus Leimholz, die aufgesetzten Teile aus Sperrholz sägen. Die Löcher in Arm und Vogelhaus bohren (ø 1,5 mm). Die Flächen und Sägekanten mit Schleifpapier glätten.

2 Alle Teile weiß grundieren und nochmals glätten. Die Flächen laut Abbildung bemalen. Das Gesicht und die Innenlinien (gepunktet auf dem Vorlagenbogen) mit einem Holzmalstift aufzeichnen.

3 Die Motivteile auf den Schneemann kleben und den Schneemann auf der Standfläche befestigen (siehe Seite 3, drei Löcher).

4 Das Vogelhaus zusammenkleben und es mit dem langen gelockten Draht an den rechten Arm des Schneemanns hängen. Am anderen Arm ein Säckchen mit Vogelfutter andrahten.

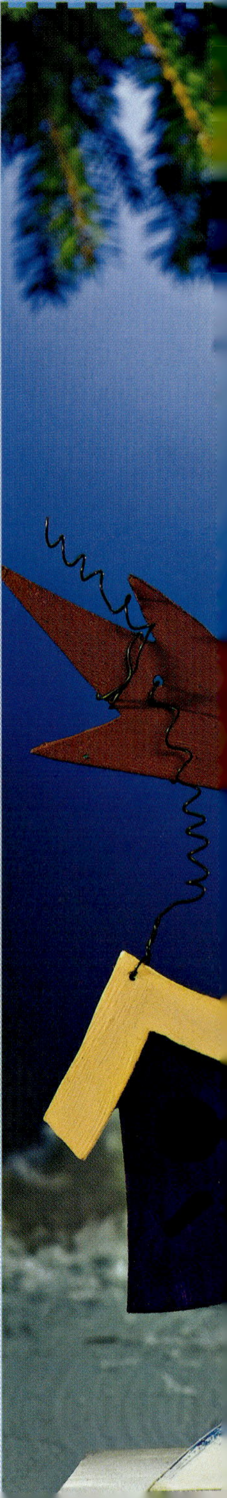

Ein echter Bayer

→ ganz stilecht

MOTIVHÖHE
ca. 38 cm

MATERIAL
- Fotokarton in Hell- und Dunkelgrau und Weiß, A2
- Fotokartonreste in Mittel- und Dunkelbraun, Rot, Gelb, Schwarz, Grün und Mittelgrau
- Füllwatte
- Bürolocher

VORLAGENBOGEN 1A+1B

1 Die Einzelteile ausschneiden und das Gesicht und alle Innenlinien (gepunktet gezeichnet auf dem Vorlagenbogen) mit Filzstift aufzeichnen. Die Wangen mit Buntstift röten.

2 Den dreiteiligen Hut zusammenfügen und auf den Kopf kleben und die Nase im Gesicht fixieren.

3 Nacheinander die Lederhose, die Hosenträger, den Latz, die Blüte und die Knöpfe sowie die Reißverschlüsse und das Herz auf den Körper kleben. Die Flickennähte mit Filzstift aufmalen. Die Punkte auf dem Latz sind mit einem Bürolocher ausgestanzt.

4 Den Kopf auf den Körper kleben und dem bayrischen Schneemann den zusammengeklebten Maßkrug zwischen die Handflächen kleben.

5 Den dunkelgrauen Ring auf den hellgrauen Kreis kleben und den Schneemann aufkleben. Aus Füllwatte einige Schneeflocken formen und auf das Schild kleben.

Schneemann mit Freunden

→ hier ist was los!

MOTIVHÖHE
ca. 40 cm

MATERIAL
- Fichtenleimholz, 1,8 cm stark, 62 cm x 35 cm (Schneemann und Hase) und 41 cm x 15 cm (Grundfläche)
- Sperrholz, 4 mm stark, 26 cm x 26 cm
- Acrylfarbe in Weiß, Schwarz, Hell- und Mittelbraun, Orange, Violett, Rot und Türkis
- Strukturschnee
- Bohrer, ø 2 mm
- 4 Senkkopfschrauben, ø 3 mm, 3,5 cm lang
- Wattestäbchen

VORLAGENBOGEN 4B

1 Die Grundform des Hasens und des Schneemanns mit dem hervorschauenden Hasen aus Fichtenleimholz, die aufgeklebten Teile aus Sperrholz aussägen.

2 Die Kanten mit Schleifpapier glätten und die Motivteile weiß grundieren. Anschließend wieder schmirgeln und die Flächen laut Abbildung bemalen. Das Gesicht mithilfe einer Kreisschablone und eines Holzmalstiftes zeichnen, die Wangen mit einem Wattestäbchen orange färben.

3 Die Schneeflächen mit Strukturschnee gestalten. Nach dem Trocknen die Einzelteile aufkleben, und die Figuren auf der Standfläche befestigen (siehe Seite 3, je Figur zwei Löcher bohren). Das Motiv mit wetterfestem Klarlack besprühen.

Rockband „Die wilden Weißen"

→ fetzig in Action

MOTIVHÖHE
ca. 21 cm bis 28 cm

MATERIAL
- Fotokarton in Weiß, A2
- Fotokarton in Grau, A4
- Fotokartonreste in Gelb, Orange, Meergrün, Lavendel, Violett, Pink und Türkis
- Filzstift in Rot

VORLAGENBOGEN 2B

1 Die Einzelteile ausschneiden. Die Gesichter und die Innenlinien (gepunktet gezeichnet auf dem Vorlagenbogen) mit Filzstift aufzeichnen, die Wangen mit Buntstift röten. Die Zunge der Sängerin mit Filzstift ausmalen.

2 Der Sängerin die Haare von hinten ankleben und die Möhrennase im Gesicht platzieren. Die zweiteilige Weste mit den Knöpfen und den Rock mit Stern und Flicken auf den Körper kleben. Zwischen die linken Handflächen das zweiteilige Mikrofon kleben. Kopf und Körper zusammenfügen und die Schneefrau auf dem Untergrund fixieren.

3 Dem Gitarristen erst die Brille und darauf die Möhrennase aufkleben. Dann die Weste mit Stern, die Fliege und die Gitarre fixieren, den Schneemann auf die Standfläche kleben und die Notenzeichen an Fuß und Arm platzieren.

4 Dem Schlagzeuger die Haarmähne, die Nase und die Weste aufkleben. Den zweiteiligen Stick zwischen den zwei Handteilen fixieren und Ohrring und Stern aufsetzen. Den Schneemann auf die Grundfläche stellen und die drei zusammengesetzten Schlaginstrumente aufkleben und mit den Sternen verzieren.

Santa Schneemann

→ macht es sich auf der Tür bequem

MOTIVHÖHE
ca. 15 cm (ohne Schild)

MATERIAL
- Fichtenleimholz, 1,8 cm stark, 30 cm x 17 cm
- Sperrholzrest, 4 mm stark
- Bohrer, ø 1 mm
- Acrylfarbe in Hell- und Mittelbraun, Weiß, Rot, Orange, Violett und Gelb
- Silberdraht, ø 0,4 mm, 60 cm lang
- Paketschnur, 40 cm lang
- Wattestäbchen

VORLAGEN-BOGEN 3A

1 Die Grundform aus Leimholz, die Sterne, den Pompon, die Arme, den Schalknoten, die Nase und das Schild aus Sperrholz sägen. Die Löcher im Schild einbohren. Alle Teile abschmirgeln, weiß grundieren und nach dem Trocknen wieder abschmirgeln.

2 Die Einzelteile laut Abbildung bemalen und nach dem Trocknen die Wangen mithilfe eines Wattestäbchens und die Innenlinien mit einem Holzmalstift aufsetzen.

3 Das Schild beschriften, den gelockten Draht anbringen und die Drahtschlaufe mit Kraftkleber hinter dem Armpaar befestigen. Alle anderen Einzelteile aufkleben. Die Paketschnur um den Sack wickeln und die Enden mit ein wenig Klebstoff auf den Sack kleben und mit den Sternen verdecken.

DIESES BUCH ENTHÄLT 4 VORLAGENBOGEN

IMPRESSUM

REINZEICHNUNGEN: Berthold Kipp
FOTOS: frechverlag GmbH, 70499 Stuttgart; Fotostudio Ullrich & Co., Renningen
DRUCK: frechdruck GmbH, 70499 Stuttgart

Materialangaben und Arbeitshinweise in diesem Buch wurden von der Autorin und den Mitarbeitern des Verlags sorgfältig geprüft. Eine Garantie wird jedoch nicht übernommen. Autorin und Verlag können für eventuell auftretende Fehler oder Schäden nicht haftbar gemacht werden. Das Werk und die darin gezeigten Modelle sind urheberrechtlich geschützt. Die Vervielfältigung und Verbreitung ist, außer für private, nicht kommerzielle Zwecke, untersagt und wird zivil- und strafrechtlich verfolgt. Dies gilt insbesondere für eine Verbreitung des Werkes durch Fotokopien, Film, Funk und Fernsehen, elektronische Medien und Internet sowie für eine gewerbliche Nutzung der gezeigten Modelle. Bei Verwendung im Unterricht und in Kursen ist auf dieses Buch hinzuweisen.

Auflage: 5. 4. 3. 2. 1.
Jahr: 2008 2007 2006 2005 2004 [Letzte Zahlen maßgebend]

© 2004 frechverlag GmbH, 70499 Stuttgart

ISBN 3-7724-3295-6
Best.-Nr. 3295